AF224296

LETTRE A M. ***,

SUR

LA PUBLICATION DU TOME PREMIER

DE

L'HISTOIRE DES MONGOLS.

Vous me demandez, Monsieur, quel motif a interrompu, depuis tant d'années, la continuation de mon *Histoire des Mongols;* et vous regrettez, dites-vous, qu'un ouvrage, qui pouvait offrir quelques faits intéressants pour la littérature orientale, soit ainsi demeuré incomplet. Comme j'ai toujours éprouvé une extrême répugnance à entretenir le public de ce qui concerne ma personne ou mes écrits, j'avais préféré garder le silence sur un sujet vraiment pénible.

I

Toutefois, comme vous le faites observer vous-même, il est des cas où un honnête homme, lésé, blessé par des procédés inconvenants, forcé de renoncer à des travaux qui ont pu faire un peu d'honneur à son pays, doit justifier sa conduite, en la soumettant au jugement des hommes éclairés et impartiaux, dont il doit, par-dessus tout, ambitionner le suffrage.

Une ordonnance royale, rendue sous la Restauration, déclara qu'il serait publié, à l'Imprimerie royale, une Collection d'écrivains orientaux. Je me chargeai d'être l'éditeur de deux ouvrages, l'un arabe, l'autre persan. Il fut décidé que l'on commencerait le travail par l'*Histoire des Mongols* de Raschid-eddin. Lorsque M. Lebrun eut été nommé Directeur de l'Imprimerie royale, il trouva cette ordonnance dans les cartons de cet établissement, et s'empressa de la faire confirmer par une ordonnance nouvelle. Une commission, qui comptait parmi ses membres feu M. Silvestre de Sacy, fut invitée à surveiller les travaux. Elle s'assembla deux fois, et arrêta les bases qui devaient régler la publication. Mais comme, probablement, on redoutait les lumières et l'indépendance des personnes qui formaient cette réunion, on se garda bien de la consulter davantage, et on la laissa quatre années entières sans la convoquer. M. Lebrun, de

son autorité privée, changea même une partie
des mesures adoptées par la commission. Elle
avait choisi le format in-4°; ce qui était, à coup
sûr, sage et raisonnable. On y substitua le format
incommode de l'in-folio. En vain je m'opposai à
une pareille innovation. Je fis observer que l'ouvrage, par sa nature, devait être exclusivement
destiné pour les orientalistes. Qu'il fallait donc
leur offrir un livre qui, par son prix peu élevé,
sa forme portative, se trouvât en harmonie avec
leurs besoins, comme avec leurs moyens pécu-
niaires, et pût aisément servir aux explications
d'un cours public. Je fis sentir qu'un ouvrage
historique, écrit en persan, accompagné de notes
du genre le plus sérieux, ne trouverait jamais
sa place dans la bibliothèque des gens du monde;
qu'il n'y avait donc aucune raison de trans-
former un livre d'érudition en un livre de luxe.
Toutes mes représentations demeurèrent sans
effet. Voyant que je ne pouvais éviter ce faste
malencontreux, je proposai au moins un expé-
dient qui me paraissait de nature à satisfaire
tous les goûts. J'engageai M. Lebrun, puisqu'il
voulait absolument des images, à se réserver
cent exemplaires, qu'il décorerait à son gré;
tandis que les quatre cents autres exemplaires
seraient imprimés format in-4°, sans encadrements, sans bordures. Ce moyen, si simple, si

naturel, fut encore rejeté. Et bon gré, mal gré, après m'être dit cent fois :

Que ces vains ornements, que ces voiles me pèsent!

il fallut me résigner à voir des discussions érudites accompagnées d'ornements tout à fait parasites. Du moins aurait-il été à désirer que ces ornements fussent de bon goût. Je présentai à M. Lebrun le plus beau manuscrit oriental qui existe à la Bibliothèque du Roi. Je lui conseillai de faire calquer les magnifiques vignettes, les encadrements légers et élégants qui embellissent ce charmant exemplaire : mais un avis si simple ne fut point goûté. Chaque page du volume fut entourée d'un encadrement large et lourd, composé de doubles croix, et emprunté, sans doute, à quelque missel du moyen âge. Je demande à tout homme raisonnable si la croix se trouve bien placée autour de l'ouvrage d'un musulman. Une vignette, mise en tête du volume, représente Mahomet, occupé à lire l'Alcoran ; tandis que, suivant le témoignage unanime des musulmans, Mahomet ne savait pas lire. Confucius fut peint, tenant à la main une plume d'oie. Et l'on sait que les Chinois, dans leur écriture, font exclusivement usage du pinceau.

Je me serais toutefois résigné à ces légers inconvénients. J'aurais accepté, sans rien dire, ce luxe frivole; mais bientôt, des tracasseries désagréables, des chicanes sans motifs, des caprices bizarres, vinrent entraver la marche de l'ouvrage. Et, toutefois, j'en appelle à tous les hommes judicieux, dans une entreprise de ce genre, confiée aux soins d'un homme qui avait blanchi dans les travaux les plus consciencieux, le rôle de M. Lebrun devait se borner à seconder le zèle de l'éditeur, et à surveiller la partie matérielle et typographique de l'ouvrage. Il n'en fut pas ainsi. Tout ce qui était bon et utile éprouvait une opposition calculée. Les notes nombreuses, et peut-être instructives, qui accompagnent la traduction, étaient, aux yeux de M. Lebrun, un accessoire inutile, et même complétement nuisible, puisqu'il gâtait la régularité de l'impression. Le texte, après ma dernière révision, était soumis, dans l'enceinte de l'Imprimerie royale, à une inspection qui se faisait à la loupe, afin de s'assurer si un caractère n'était pas un peu maigre ou usé; on conçoit très-bien que, de cette manière, des fautes, dont je ne suis nullement responsable, ont dû se glisser dans l'ouvrage. Bien plus, comme les lignes devaient observer une régularité parfaite, on avait, dans certains cas, supprimé, à la fin de chacune, un ou plusieurs mots, que l'on s'était bien gardé de replacer dans les lignes suivantes, attendu qu'ils y auraient également causé quelque perturbation typographique, et on avait mieux aimé les retrancher tout à fait. Heureusement que je fus averti de cet arrangement, et que je pus y porter remède. Une feuille avait été corrigée par moi, et j'avais donné le *bon à tirer*. Deux jours après, M. Silvestre de Sacy, sous les yeux duquel chaque article devait passer, me renvoya la feuille, après avoir écrit en marge que le texte était pour lui tout à fait inintelligible. Je jetai les yeux sur la feuille, et je reconnus que six ou sept lignes avaient été transportées d'une page à une autre. Sans doute, sous le rapport typographique, tout était parfaitement aligné; on ne voyait pas une lettre qui dépassât l'autre. Mais, malgré toute cette régularité, je doute que les savants eussent approuvé un déplacement de ce genre; si un pareil texte avait été mis sous leurs yeux, ils n'auraient pas manqué de me jeter la pierre, de m'accuser d'une négligence impardonnable dans la révision des épreuves. Et cependant j'étais bien innocent d'une pareille faute.

J'ai entre les mains une lettre qui me fut adressée par M. Lebrun, et dans laquelle il fait valoir, comme un acte d'une condescendance bien méritoire, la complaisance qu'il avait eue de faire imprimer mon Mémoire sur la vie et les ouvrages

de Raschid-eddin. Or, ce morceau de biographie
orientale, le plus long qui ait été écrit en France;
qui, par son objet, offre une importance réelle,
puisqu'il retrace la vie d'un homme qui a joué
un grand rôle, comme homme d'État et comme
homme de lettres, devait naturellement se trouver en tête de l'édition du principal ouvrage de
cet historien. D'ailleurs, ce Mémoire, qui, aux
yeux de M. Lebrun, n'était qu'un hors-d'œuvre
à peu près inutile, n'a pas été jugé partout avec
autant de sévérité. En Angleterre surtout, où
l'on trouve sur cette matière des juges si éclairés,
mon travail, je puis le dire, a été accueilli avec
une extrême faveur. Des recherches savantes et
consciencieuses ont été entreprises, dans la vue
de confirmer ou de modifier quelques-unes de
mes assertions; et ces investigations ont produit
des résultats fort importants pour la science,
puisqu'elles ont amené la découverte de plusieurs manuscrits enfouis dans des bibliothè-
ques, et qui, peut-être, seraient restés inconnus,
si mes observations n'avaient provoqué le zèle
éclairé de plusieurs jeunes savants; et aujour-
d'hui, grâce à leurs nobles efforts, l'Europe est
assurée de posséder une bonne partie d'un ouvrage immense, dont l'existence était à peine
soupçonnée il y a quelques années.

Dans le Mémoire sur la vie de Raschid-eddin

se trouve, comme on sait, une longue note sur le *Iasa*, c'est-à-dire le code de lois donné aux Mongols par Tchinghiz-Khan. Cette note, imprimée d'abord suivant mes intentions, fut, à la seconde épreuve, complétement supprimée. On me déclara qu'elle ne paraîtrait qu'à la fin de tout l'ouvrage. Je me plaignis vivement, et je déclarai que je n'étais nullement disposé à rejeter ma note à la fin du livre, que, peut-être, je ne verrais pas terminer. Je protestai que, si on ne faisait pas droit à mes réclamations, je ne corrigerais plus aucune épreuve, et que l'ouvrage resterait inachevé. Quand on vit que ma résolution était irrévocable, on me fit dire que l'on s'était expliqué d'une manière inexacte ; que ces mots, *la fin de l'ouvrage*, désignaient simplement la fin du premier volume ; que l'on me promettait d'y placer ma note. Pour le bien de la paix, je souscrivis à cette proposition. Qu'arriva-t-il ? Le lendemain on m'annonça que M. Lebrun, d'après le conseil d'une personne étrangère, revenait à mon premier avis. Un sourire dédaigneux fut ma seule réponse.

Cependant, l'impression de l'ouvrage avançait avec une lenteur désespérante. Les feuilles, qui, comme je l'ai dit, étaient surchargées d'ornements parasites, exigeaient, pour le tirage, des soins, des précautions extraordinaires. Quinze

exemplaires qui, ainsi que je l'ai appris (car aucun ne m'a été offert, aucun même n'a passé
sous mes yeux), présentent des encadrements et
des lettres d'or, réclamaient des précautions, des
tâtonnements, des expériences d'un genre insolite, et une perte de temps considérable. Des dé-
penses assez fortes furent faites pour parvenir à
fixer l'or, à l'imprimer sur le papier, de manière
à conserver les reflets et l'éclat du métal. J'ignore
quelle pouvait être la véritable utilité de ces
profusions gigantesques; et j'ai mille fois re-
gretté que tout l'argent prodigué pour un luxe
aussi vain n'ait pas été plutôt employé à donner
aux travaux de la collection une activité vraiment profitable pour la science. D'un autre côté,
comme après plusieurs années on sentait le be-
soin d'arriver au but, la dernière partie de l'ouvrage fut imprimée avec une précipitation telle,
que j'eus à peine le loisir de faire les corrections
absolument nécessaires. Je ne tardai pas à m'a-
percevoir que cette marche rapide avait nui à la
correction. Je proposai de faire un errata; on
refusa de l'admettre, sous prétexte que l'Imprimerie royale ne pouvait se tromper. J'avais
rédigé une série de notes et d'observations qui
formaient trois pages. Je fis imprimer la feuille,
pour laquelle je donnai *le bon à tirer*. Mais
M. Lebrun déclara que cette addition, mise à la

*

fin du volume, aurait quelque chose qui nuirait à l'agrément du coup d'œil. En conséquence, mes corrections sont demeurées comme non avenues.

D'un autre côté, tandis que l'on attachait une si grande importance à des ornements qui, j'ose le croire, ont quelque chose de futile, surtout lorsqu'il s'agit d'un ouvrage d'érudition, qui doit avoir pour principal mérite l'exactitude des recherches et la correction, on négligeait un peu trop des points véritablement essentiels; car le papier qui a servi à l'impression est mou, cassant; et l'encre même offre un coup d'œil qui tire sur le jaune.

L'ouvrage étant achevé dut être présenté au Roi. M. Lebrun fit, dit-on, relier un exemplaire avec une magnificence tout à fait insolite. La couverture, brillante d'or, fut de plus enrichie de pierreries; chacun des signets se terminait par une médaille d'or. Mais, comme si tout ce qui concerne ce livre devait offrir un caractère un peu bizarre, des médailles mongoles, qui devaient occuper cette place, ne se rencontrant pas sous la main de ceux qui les cherchaient, on y substitua, m'a-t-on dit, des empreintes d'anciennes monnaies d'Athènes. M. Lebrun ne daigna pas me prévenir de la visite qu'il se proposait de faire, et ne m'invita nullement à l'accompagner. Mon livre, présenté par lui, fut soumis à l'admiration de toute la cour, sans qu'un seul mot indiquât l'auteur de ce long travail, dont M. le Directeur eut seul tous les honneurs. Des hommes honorables, qui assistèrent à cette présentation, et qui liront aujourd'hui ces lignes, se rappelleront sans doute l'étonnement qu'elles me témoignèrent, d'avoir vu dans cette circonstance M. Lebrun métamorphosé en un habile orientaliste. Des compliments lui furent prodigués. Et bientôt le titre de conseiller d'État vint récompenser son zèle et ses labeurs.

Sic vos non vobis.

Il est vrai que, plusieurs jours après la présentation de mon livre, un prince devant faire une visite à l'Imprimerie royale, M. Lebrun me fit inviter à m'y rendre. On peut bien croire que je ne fus nullement tenté d'aller me confondre dans la foule des personnes subordonnées à M. Lebrun.

Comme un ouvrage, imprimé avec ce luxe exorbitant, avait dû coûter des sommes immenses, M. Lebrun trouva un moyen d'alléger le poids des frais, en diminuant de moitié la faible rétribution qui appartenait légitimement à l'auteur, et qui lui avait été assurée, à son insu, et par un arrêté du Garde des Sceaux, rendu sur la proposition de M. le Directeur de l'Imprimerie royale. Cette indemnité devait être payée par feuille. Il est clair que, dans tous les pays, chaque feuille d'un in-folio se compose de quatre pages et non pas de huit. L'ouvrage en renferme donc cent cinquante-cinq au lieu de soixante-dix-huit. M. Lebrun ayant, à l'exemple de tous les imprimeurs, fait disposer le livre par *cahiers*, composés de huit pages, pensa qu'il était plus économique de payer pour un cahier ce qui était alloué pour une feuille. Il réduisait ainsi de moitié la modique indemnité qu'un arrêté ministériel m'avait accordée. Cette substitution, que M. Lebrun juge si naturelle, constitue cependant un fait fort grave : c'est comme si l'on croyait avoir payé un créancier en lui remettant un billet de 5oo francs au lieu d'un billet de 1ooo francs. On a beau employer des sophismes pour colorer un pareil acte, il restera toujours ce qu'il est en effet, je veux dire une véritable iniquité. Il est certain que tous les imprimeurs qui, comme je l'ai dit, impriment par cahiers, font payer chacun de ces cahiers comme représentant deux feuilles. Et l'Imprimerie royale ne manque pas de suivre les mêmes errements, ainsi que je m'en suis convaincu, en consultant ses nombreux mémoires déposés au secrétariat de l'Institut.

M. Lebrun allègue (et c'est là le seul argument qu'il emploie pour sa défense) que les épreuves de mon ouvrage avaient d'abord été imprimées sur format in-4°, et que chaque page in-fol. représente une des pages du format primitif. Mais cette assertion, j'ose le dire, est un véritable sophisme.

Tous les jours, les premières épreuves d'un livre sont imprimées sur de grandes feuilles, appelées *placards*, sur lesquelles l'auteur inscrit ses corrections, ses additions. A-t-on jamais songé à tenir compte de cette disposition transitoire, pour apprécier le nombre de feuilles dont se compose un volume? Il est faux d'ailleurs que la *justification* du volume soit celle d'un in-4°. Elle est trop longue pour ce format. En outre, ainsi que j'en ai eu l'assurance, à l'Imprimerie royale même, où je prenais des informations pour un autre ouvrage, il est matériellement impossible, avec le caractère persan, adopté pour l'*Histoire des Mongols*, de faire tetir dans une page in-4° plus de vingt lignes.

D'ailleurs, dans les règlements de l'imprimerie et de la librairie, on ne connaît, pour l'évaluation du format, d'autre règle que la grandeur du papier. La justification restât-elle la même, le format change si on a employé une feuille entière, au lieu d'une demi-feuille. Je me con-

tenterai, à cet égard, de citer un seul exemple.
La traduction française d'Hérodote, par feu
M. Larcher, fut imprimée sur deux formats,
l'in-8°, papier ordinaire, et l'in-4°, papier vélin.
Une même justification servit pour les deux formats. Et cependant, l'in-4° se vendait 3oo fr.,
c'est-à-dire, cinq fois autant que l'in-8°.

M. Lebrun prétend que, comme j'ai émargé
sans faire d'observations, les états de payement,
j'ai admis, par le fait, la substitution dont je
me plains, et que j'en ai reconnu la légitimité.
Il est bien vrai que, ne soupçonnant aucun ar-
tifice, je signai les états, sans penser au tort qui
m'était fait. Mais, dès que je m'aperçus du pré-
judice qui en résultait pour mes intérêts, je ré-
clamai vivement. Je fis observer à M. Lebrun
que je n'avais pu donner quittance que pour la
somme touchée par moi; que j'avais bien reconnu avoir reçu le montant de soixante-dix-huit
feuilles; mais que l'ouvrage en contenant, dans
la réalité, cent cinquante-cinq, il m'était dû encore la rétribution allouée pour soixante-dix-sept
feuilles, et que je réclamais le payement de cette
somme. Une première lettre obtint une réponse
qui renfermait un refus non motivé. Une seconde
lettre, dans laquelle j'employais des arguments
d'une évidence frappante, resta sans réponse.
Cependant, lorsqu'une injustice a été commise,

il est toujours temps de la réparer, et un homme délicat n'invoque jamais la prescription. En arguant des quittances signées par moi, on fait connaître que ce qui aurait pu passer pour une inadvertance, a été, dans le fait, un acte calculé à dessein, dans l'intention de me nuire. Il est à coup sûr bien pénible pour moi d'avoir à entretenir le public de ces tristes détails. Mais à qui en est la faute? Un homme à qui on veut faire un tort réel est-il coupable de déférer son adversaire au jugement de l'autorité qui a droit de prononcer sur ces matières? Et je puis faire, à ce sujet, une protestation dont la vérité est incontestable. Certes, dans les travaux considérables que j'ai exécutés sur différentes parties de la littérature orientale, jamais l'amour du gain n'a guidé ma plume. Mes ouvrages les plus volumineux ne m'ont pas produit le plus léger bénéfice. Mais, quand un acte formel, rendu sans ma participation, m'a alloué une rétribution quelconque, elle devient ma propriété légitime, et personne ne peut, sans se rendre coupable, en retrancher aucune partie. Je croyais pouvoir porter ma cause devant le tribunal de commerce; on me déclara que ce tribunal était incompétent pour juger les causes qui avaient rapport à l'Imprimerie royale. Je m'adressai à M. ....., alors *Garde des Sceaux*; il me répondit qu'il ne pouvait accueillir ma demande, attendu que M. Lebrun la déclarait mal fondée. Si je ne me trompe, c'est la première fois qu'un homme a été constitué juge dans sa propre cause. Je ne me rebutai point. M. .... ayant été promu aux fonctions de Garde des Sceaux, je lui demandai une audience, dans laquelle je lui exposai sommairement ma cause, et lui laissai entre les mains un petit mémoire qui la reproduisait plus au long. Je lui proposai de faire examiner la chose par des arbitres, dont l'un serait choisi par moi, l'autre par le Directeur de l'Imprimerie royale. Je lui désignai M. Debure, ancien libraire du roi, homme honorable, qui réunit, à beaucoup de capacité, la délicatesse la plus scrupuleuse. M. le Garde des Sceaux s'étant un peu récrié sur le mot *arbitres*, je lui représentai que c'était un terme consacré dans la législation commerciale ; que chaque jour le tribunal de commerce choisit un ou plusieurs *arbitres*, qui lui font un rapport sur l'affaire en litige ; et qu'ensuite le tribunal rend sur cet objet une sentence motivée. Que, dans la circonstance où nous nous trouvions, les arbitres que je demandais ne prononceraient point un jugement, mais que leur avis serait transmis à M. le Garde des Sceaux, auquel seul appartenait le droit de prononcer en dernier ressort. Une demande si simple, si naturelle, fut cependant rejetée. Et pourtant jamais, dans une affaire quelconque, on n'a refusé de soumettre sa cause à l'autorité d'arbitres éclairés et impartiaux. Celui qui repousse cette décision paternelle, laisse entrevoir, par cela seul, que, dans son for intérieur, il sent le peu de justice de ses prétentions, et qu'il redoute le regard scrutateur de ces hommes intègres, sur lesquels il ne saurait exercer aucune influence. Pour terminer ce qui concerne cette misérable affaire, un de mes amis, M. le chevalier Jaubert, aujourd'hui membre de la Chambre des pairs, affligé de voir l'interruption d'un ouvrage qu'il regardait comme devant faire quelque honneur à son pays, me demanda l'autorisation de tenter une démarche auprès de M. Lebrun. J'y consentis, avec quelque répugnance. Je laissai à mon honorable ami le soin de transiger comme il le jugerait à propos sur la partie financière. Je me réservai seulement de prendre toutes les précautions nécessaires pour garantir mon entière indépendance, et éviter à l'avenir les tracasseries dont j'avais eu à me plaindre. Je me promis également de ne rien recevoir à titre d'indemnité, mais seulement comme une restitution. Toutes ces représentations échouèrent contre la volonté intraitable de M. le Directeur, qui déclara que l'ouvrage serait continué ou par moi ou par un autre.

Une main inconnue fit imprimer dans un journal une courte annonce de l'*Histoire des Mongols*. L'auteur de cet article déclara que ce travail pouvait mériter à l'écrivain un peu de réputation personnelle ; mais que l'impression faisait le plus grand honneur à la France. En lisant de pareilles expressions, je restai stupéfait. J'avais cru jusqu'alors, dans ma bonhomie antique, que c'étaient les bons écrivains qui contribuaient à la gloire de leur pays ; et je ne me doutais pas que les imprimeurs eussent seuls droit de revendiquer cet honneur. Je pensais que Boileau, Racine, Corneille, la Fontaine, Molière, Voltaire, etc., en s'entourant d'une auréole immortelle, avaient fait refléter sur leur pays les rayons de leur noble renommée ; que des savants, chimistes, physiciens, astronomes, mathématiciens, naturalistes, érudits, pouvaient, chacun dans son genre, contribuer à honorer leur patrie. Mais sans doute il vaut mieux renoncer à ces opinions surannées, et reconnaître qu'un livre imprimé avec luxe, orné de vignettes, est le véritable et seul titre de gloire d'une nation. On pourrait donc, à la rigueur, s'en tenir à des ornements, et négliger d'y joindre un texte quelconque.

Je ne m'appesantirai pas plus longtemps sur les tristes tracasseries que j'ai éprouvées, dans une entreprise où j'aurais dû trouver, avec des procédés nobles, de la considération, et même, j'ose le dire, un peu de gloire. Dans le cours de l'ouvrage, j'ai montré une patience bien méritoire. Je me serais fait scrupule, pour des intérêts personnels, d'entraver la publication d'un volume qui pouvait être utile pour la science. Aujourd'hui, que je suis arrivé à la fin du premier tome, que j'ai payé mon contingent avec une exactitude rare, puisque j'ai donné dix fois plus que je n'avais promis, je renonce pour jamais à continuer une tâche que la mauvaise volonté a su rendre si ingrate et si pénible. Que M. Lebrun, en récompense de trois pièces de théâtre, ait obtenu une fortune à laquelle n'auraient oser prétendre Corneille, Racine, Crébillon, Voltaire, à la bonne heure.

Haud equidem invideo; miror magis.

Il ne tenait qu'à M. Lebrun de trouver en moi, avec des sentiments affectueux, un zèle ardent pour coopérer au bien des lettres. Mais il ne convenait ni à mes cheveux blancs, ni à ma position littéraire, ni à mes cinquante années de travaux sur la littérature orientale, de venir me soumettre à des caprices, à des prétentions sans but comme sans motif. On n'est pas à coup sûr obligé d'être savant (quoique pourtant, à vrai dire, quelques connaissances dans les sciences et l'érudition littéraire ne fussent pas de trop chez un rédacteur en chef du Journal des Savants), mais on peut et l'on doit respecter la science, et vouer quelque estime aux hommes qui se sont consacrés noblement et sans ambition à des travaux immenses, dont ils sont, il faut le dire, si mal récompensés. Il est déplorable, je le dis en finissant, qu'une main invisible semble s'attacher à flétrir la gloire littéraire de notre nation, à paralyser tout ce qui est bon et utile, à neutraliser toutes les entreprises qui pourraient consolider l'honneur de notre pays, et lui conserver, aux yeux de l'Europe, cette noble renommée dont il a joui à si juste titre.

QUATREMÈRE.

Paris. — Imprimerie de H. Fournier et Cⁱᵉ, rue Saint-Benoît, 7.